NOTICE INÉDITE

SUR

LE LIVRE DE RAISON

DU MUET DE LAINCEL

D'APRÈS LES MANUSCRITS DE PEIRESC

publiée

PAR Ph. TAMIZEY DE LARROQUE

DIGNE
IMPRIMERIE CHASPOUL ET Vᵉ BARBAROUX
20, Place de l'Évêché, 20

—

1895

A mon cher maître et ami
Monsieur Léopold Delisle
très reconnaissant et très affectueux hommage
Ph. Tamizey de Larroque

NOTICE INÉDITE

SUR

LE LIVRE DE RAISON

DU MUET DE LAINCEL

D'APRÈS LES MANUSCRITS DE PEIRESC

publiée

PAR PH. TAMIZEY DE LARROQUE

DIGNE
IMPRIMERIE CHASPOUL ET Vᵉ BARBAROUX
20, Place de l'Évêché, 20

1895

NOTICE INÉDITE

SUR

le Livre de Raison du Muet de Laincel

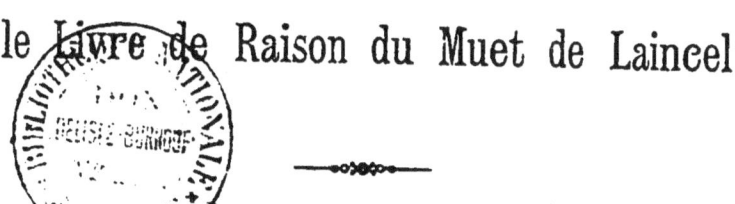

———•:◊:•———

Peiresc, dans une lettre à Gassendi, du 4 février 1633, s'exprime ainsi : « Bien ay-je veu un aultre muet nommé M. de Roumoulles de Linceaux, qui estoit nostre parent, lequel avoit faict un livre de raison qui estoit tout en peinture, et avoit fait son testament en peinture aussy (1). » Revenant, quelques jours plus tard, sur le même sujet, Peiresc complétait ainsi les renseignements fournis à son docte correspondant : « Le muet de Roumoles, dont je vous parlois dernièrement, avoit plusieurs mots qu'il prononçoit de son invention pour signifier diverses choses, entre autres PETA PETA, quand il estoit en colere et qu'il vouloit battre ses vallets, ne me souvenant pas des aultres, mais je veux escripre à M. de Saint-Martin, son fils, mon

---

(1) *Lettres de Peiresc*, t. VI, 1893, p. 282.

— 4 —

cousin (1), pour me faire une relation exacte de la vie de feu son pere, et pour me faire apporter son livre de raison pour l'amour de vous (2). »

Deux chercheurs qui m'honorent de leur sympathie et qui daignent m'aider, par leurs charitables avertissements, à rendre moins imparfaite la publication de la correspondance de Peiresc, M. le marquis de Boisgelin, à Aix, et M. Paul de Faucher, à Bollène (3), me demandèrent presque en même temps, peu de jours après l'apparition du tome IV, pourquoi je n'avais pas donné la moindre explication au sujet du muet mentionné deux fois de suite et du livre de raison dont il était l'auteur. Ils ne me disaient pas, mais je devinais, à travers leurs courtoises observations, qu'ils s'étonnaient de ce qu'un commentateur, d'habitude assez prodigue de notes, n'en eût mis aucune sous un passage qui avait grand besoin d'être éclairci. Je me promis de profiter de leurs affectueux reproches. Quelques mois plus tard, de favorables occasions se présentaient à moi de consulter, dans le cabinet de travail de M. de Boisgelin, où les dossiers généalogiques sont si nombreux et si riches, plusieurs documents sur la maison de Laincel, et, dans la nouvelle et commode salle de lecture de la bibliothèque de Carpentras (4), en l'agréable compagnie de M. Paul de

---

(1) La parenté de Peiresc avec notre muet a été établie par M. le marquis de Boisgelin, avec sa compétence indiscutée, dans le tableau généalogique que l'on trouvera en appendice, sous le n° II.

(2) P. 289. — La lettre est du 22 février 1633.

(3) Divers autres érudits méridionaux m'accordent leur précieuse assistance, et, en tête de tous, je nommerai avec une profonde reconnaissance mon vieil ami, M. Léon de Berluc-Perussis.

(4) Cette salle remplace le plus heureusement du monde la petite et obscure pièce que feu mon savant ami, M. Charles Ruelens, traitait dédaigneusement de *boîte* et où il souffrait tant d'être emprisonné, lui habitué, comme conservateur des manuscrits de la Bibliothèque royale de Bruxelles, à jouir d'une installation splendide. Voir l'épître dédicatoire mise en tête des *Petits Mémoires inédits de*

— 5 —

Faucher, le curieux livre de raison du muet de Laincel, conservé parmi les manuscrits de la collection Peiresc (registre LIII), à côté de la notice envoyée à mon héros par son cousin, fils dudit muet.

Je ne dirai rien de cette notice, que je vais reproduire *in extenso*, avec additions fournies par l'auteur de *l'Etat de la Provence* et par l'auteur de l'*Histoire héroïque de la noblesse de Provence,* mais je décrirai rapidement le livre de comptes *dessiné* par le seigneur de Saint-Martin-de-Renacas. C'est un cahier de douze feuillets, où les objets achetés pour l'usage du muet et de sa famille sont indiqués par leur image très ressemblante, tracée à la plume et suivie de tels ou tels chiffres (livres, sous et deniers). C'est ainsi qu'un fer à cheval, une lanterne, une poêle à rôtir les marrons, un poisson (1), un volume, une botte, une montre, des chevaux, divers ustensiles de cuisine, une table à jeu, un chapeau, divers vêtements, etc., représentent les dépenses du dessinateur. Trois notes d'affaires, mêlées à ces croquis faits en courant, croquis comme ceux que Peiresc se plaît à appeler, dans sa correspondance, des *griffonnements*, nous révèlent l'année de la composition du cahier, 1584 (2). Sur un feuillet initial, de plus grand format que tous les autres, sont dessinés le château et l'église de Saint-Martin-de-

---

Peiresc (Anvers, 1889, p. 3). Je me souviens d'avoir dit, un jour de juillet, par une température à griller les salamandres, à mon compagnon de captivité qui étouffait dans l'étroite enceinte et auquel on pouvait appliquer le mot du poète: *œstuat in angusto limite :* « Que deviennent donc pour vous les rafraîchissantes joies du travail ? » Il me répondit, en essuyant son front: « Oh ! vous, avec votre Peiresc, vous seriez à l'aise dans la biblique fournaise des Hébreux. »

(1) Les poissons figurent en grand nombre dans le livre de raison. Le muet devait être un remarquable ichthyophage.

(2) Une de ces notes, relative à du blé cédé au *bochier*, c'est-à-dire au boucher, — le propriétaire de la terre de Saint-Martin payait en nature son fournisseur, — est du XII octobre. Une autre note appartient au même mois (sans indication de jour). La troisième note est du 10 août.

Renacas, le château de Laincel, celui des Vachères et, au-dessous de ces édifices, un colombier, marque d'un droit seigneurial. Je ne prolongerai pas ces énumérations, car, grâce à l'obligeance d'un habile amateur, M. Maurice Allégier, de Carpentras, ancien magistrat, qui a photographié divers feuillets du livre de raison, on a sous les yeux, ce qui vaut mieux que toutes les descriptions, des échantillons des naïves peintures du muet de Laincel. C'est bien cordialement que je remercie mes collaborateurs d'avoir très aimablement aidé l'éditeur de la correspondance de Peiresc à réparer par la présente petite publication le gros péché d'omission qui pesait sur sa conscience d'annotateur.

PH. TAMIZEY DE LARROQUE.

DU MUET DE LAINCEL

Anthoine de Laincel, seigneur de Saint-Martin-de-Renacas, filz d'autre Anthoine (1) et de Catherine de Rascas (2), nasquit au lieu de Romolles, en l'année 1525. Ayant deux ans et demy ou environ, voyant ung palefrenier de son père qui menoit abbreuver ung cheval, il voulust suyvant la coustume des petits enfants que ledict palefrenier qui estoit monté sur ledict cheval le mist au devant luy, ce qu'il fist, sur quoy il arriva par un grand malheur que ledict cheval estant hongre et par consequent ombrageux, ayant peur de quelque buisson qui estoit au travers du chemin allant à la fontaine, se mist à sauter d'ung costé et d'autre en telle façon que le palefrenier et l'enfant furent portés par terre, lequel donnant de la nuque sur de pierres qui estoyent emmy le chemin rendyt grande quantité de sang par les oreilles qui luy causa une surdité qui luy a duré toute sa vie avec ung defaut de parolle (3).

---

(1) Cet Antoine était lui-même fils de Gaspard, seigneur de Laincel, Saint-Martin, Roumoules et Thorame. Il avait épousé Catherine de Villeneuve et fit son testament le 10 mai 1530.

(2) Catherine de Rascas était fille de Guillaume, seigneur du Muy. Le mariage est de 1524.

(3) L'abbé Robert (l'Etat de la Provence, t. II, p. 261) accueille une version quelque peu différente. La voici : « Antoine, étant encore au lait, devint muet et sourd par l'imprudence de sa nourrice, qui l'avoit reposé sur un cheval duquel étant tombé il perdit une si grande quantité de sang par les oreilles qu'il en devint sourd, et n'ayant plus l'usage de l'ouïe, par une suite nécessaire, il fut encore muet. » Il faut préférer le témoignage du fils de la victime, lequel était mieux en situation que personne pour connaître la vérité. Le généalogiste ajoute « Son père, le voyant ainsi incommodé et le croyant

Despuis cest accident auquel il n'y heust point remede, quoyque les medecins y ayent esté long temps employés, il a demeuré tousjours muet et sourd par l'espace de quatre vintz ans qu'il a vescu en ce monde.

Neantmointz on doute grandement qu'il n'avoit pas perdu tout à faict la faculté de la parole parsqu'il articuloit quelques proununtiations et syllabes disant *Tapeta, Tafeta*, et crioit mesmes si fort et si haut, estant en cholere, qu'il se faisoit ouyr de fort loing et mesmes en appellant ses chiens, les quels il appeloit par ceste prounounciation *Noua*, autant distinctement qu'on sçauroit desirer. Il avoit l'esprit fort prompt et subtil (1). Il sçavoit bien broder et peindre (2), sçavoit se signer et chiffrer, tenoit livre de raison par peinture, peignant la despence qu'il faisoit comme s'il acheptoit des estoffes, chair, poisson, œufz, et marquoit par chiffre ce qu'il luy avoit cousté.

Il representoit les frais de ses procès par la peinture d'ung homme avec un bonnet quarré sur la teste et des sacz pendus au bras et ainsin des autres choses.

Ung jour, ayant donné à une sienne fille de l'argent pour aller à confesse, il peignit ung prebstre donnant l'absolution à une femme qui estoit à genoux devant luy, les mains jointes et les yeux eslevés au ciel.

---

incapable de soutenir la maison, le désbérita, quoique l'aîné, et fit héritier François, son cadet. Il eut pourtant pour ses droits la seigneurie de Saint-Martin-de-Ranacas. » Les descendants de François furent seigneurs de Laincel et de Romoules. Ils furent maintenus dans leur noblesse, lors de la recherche faite en Provence en 1667 et 1668. On les trouve en Forcalquérois fort nombreux au XVII° siècle, Scipion de Laincel, qui représentait le XIX° degré, ayant eu de Suzanne d'Isoard six garçons et quatre filles.

(1) C'est ce que confirma l'abbé Robert : « Au reste, dans son incommodité, il avoit un esprit transcendant, en sorte qu'il venoit à bout de tout ce qu'il entreprenoit. »

(2) Nouvelle confirmation des assertions du narrateur. « Il fut bon peintre », déclare l'abbé Robert, « et travailla à la broderie aussi bien que les meilleurs ouvriers. »

Il jouoit bien au foir et foat, à prime et autres jeux (1), et avoit l'esprit si prompt que quelquefois voyant parler ceux qui s'entretenoit (sic) pres de luy il jugoit (pour jugeoit) ce de quoy ils parloyent et ceste cognoissance luy est arrivée fort souvent soit qu'elle fust par rencontre ou par quelque cognoissance particuliere que son jugement luy dictoit

Il aymoit grandement la chasse et avoit tousjours des levriers, chiens couchantz, furetz, toues pour les perdrix, paneaux pour les lievres et lapins et aragneulles (2) de soye pour les petits oyseaux, faisant de ses mains mesmes tous les retz et filetz.

Il estoit de belle taille, fort gresle et robuste, nullement maladif et fort courageux, ayant faict la guerre long temps soubs Mons.r le comte de Tende et le grand père de Monsieur le comte de Carces d'aujourd'huy, et marqucit souvent par signes qu'il estoit au siege de Sisteron (3) duquel Messieurs de la religion s'estoyent saisis.

Il se maria en l'eage de cinquante ans avec damoiselle Jeanne de Castellane (4), fille à feu Jacques de Castellanne et niepce de feu

---

(1) Invoquons encore le témoignage conforme de l'auteur de l'*État de la Provence* : « Il jouoit toute sorte de jeux à merveille, comme le Trictrac, les Echets, la Prime et autres, ce qui lui donnoit lieu de fréquenter les plus grands seigneurs de la Province, ausquels il fut assez heureux pour gagner bien de l'argent, particulièrement au comte de Carces, qui dit un jour à cette occasion : M. le muet de Romoules (c'est ainsi qu'on l'appelloit) ne se contente pas de manger souvent avec moi, mais encore il me gagne toujours mon argent. »

(2) L'*aragnol* est un filet que l'on tend perpendiculairement dans les tiees ou tendues, sous bois, le long d'un ruisseau, et dont l'aspect rappelle, comme son nom l'indique, la toile de l'araignée.

(3) Il y eut, pendant les guerres de religion, deux sièges fameux de Sisteron, celui de 1562 et celui de 1568. Je suppose que c'est un second de ces sièges qu'il s'agit ici. Sur l'*Histoire de Sisteron*, il suffit de citer l'ouvrage classique de M. de Laplane, comme, sur les *Comtes de Tende*, il suffit de citer l'excellente monographie de M. le comte de Panisse-Passis (1889, in-f°).

(4) Aucune des généalogies des Castellane, imprimées ou manuscrites, ne mentionne, à notre connaissance, cette Jeanne, ni son père Jacques.

L'*État de la Provence* (II, 254) ne nomme ni son père, ni sa mère, mais dit

Jean de Levesque sieur de Saint-Estienne, chevalier de Saint-Michel, duquel mariage il heust six enfants.

Il avoit ses signes fort intelligibles et clers, fort affable et courtois et estoit aymé d'ung chascun.

seulement qu'Antoine de Laincel fut marié avec *Jeanne de Castellane* (sic) *des seigneurs de Pierrerue.* Nous savons par la note d'Hubert que ce mariage eut lieu en 1576. Or, Pierrerue n'est venu (en partie, croyons-nous) aux Castellane que par le mariage de Louis de Castellane avec Anne de Bouliers, en 1599, et si les descendants de cette union ne sont pas exactement connus, leurs ascendants et collatéraux le sont assez pour qu'il paraisse difficile que ce Jacques, ayant fait une alliance honorable avec Catherine l'Evêque, ait été passé sous silence.

D'un autre côté, l'acte de baptême de Hubert de Laincel ne nomme pas sa mère *Jeanne de Castellane*, mais simplement *Jeanne Castellane*, ce qui, selon l'habitude de l'époque, indique la féminisation du nom *Castellan*. Et, en effet, dans les tables de l'abbé Robert (manuscrit à la Bibliothèque nationale, n° 775), on trouve à l'article CASTELAN (devenu plus tard Castellan) :

Odol CASTELAN, florentin, dont Nostradamus parle p. 589, épousa Jeanne Candole, fille de Etienne et de Renée de la Forêt.

D'où : 1 Etienne ;

2 Jacques, qui épousa Catherine Evesquesse *(pour l'*ÉVÊQUE*)* ;

3 François, religieux à Saint-Victor (à Marseille) ;

4 Jean, marié *(qui a continué la famille jusqu'à la fin du siècle dernier)* ;

5 Catherine ;

6 Françoise, épousa Philippe Soldi, florentin, (d'où : Cosme et Béatrix).

Nous croyons donc que dans la note fournie par Hubert de Laincel, sur son père, à son cousin de Peiresc, il aura cédé à l'habitude de son époque en féminisant le nom de sa mère et le faisant précéder du *de* dont on gratifiait déjà toute personne honorable ; ce qui de *Jeanne Castelan* a produit *Jeanne de Castellane*. Si c'eût été vraiment une *Castellane*, Hubert n'aurait certainement pas manqué d'indiquer comment elle se rattachait à cette illustre famille, ainsi qu'il l'a fait pour la mère de celle-ci, Catherine l'Evêque, dont il indique la parenté avec un chevalier de Saint-Michel.

Voici, du reste, le libellé du baptême de Hubert :

Ubertus filius nobilis Anthonii de Lainssello et domicellæ Jehannæ Castellane conjugum fuit baptisatus anno quo supra (1577) et die XIX° februarii. Patr. nobilis vir Ubertus de Vins ; Matr. : domicella Clara Meyneria.

(Note de M. le marquis de Boisgelin.)

Il ne faisoit pas bon le faire mettre en cholere, surtout en luy contredisant par de signes de mespris, car ne pouvant se deffendre de la parolle, il se servoit incontinent des mains et en venoit aux coups.

Voyant parler quelques ungz, il estoit grandement nerveux de sçavoir leurs discours et demandoit par signes de les luy expliquer et faire entendre.

Il estoit en une grande peine quand son trucheman et interprete n'estoit point avec luy, que ceux qui n'avoyent point à coustume ses signes ne pouvoyent entendre ce qu'il leur vouloit dire.

Il mourust aagé de quatre vingtz six ans en la ville d'Ambrun (1), où il estoit allé pour voir feu reverand pere en Dieu messire Honoré du Laurens, archevesque du dict lieu (2), et a esté enterré en l'eglise Notre-Dame de ladicte ville et en la chappelle du dict sieur archevesque (3).

---

(1) Ce fut en l'année 1611. Les généalogistes provençaux n'ont indiqué ni le jour du décès, ni le jour de la naissance.

(2) Le fils aîné du muet, Hubert, avait épousé en 1599 Louise du Laurens, fille d'Honoré du Laurens, qui, après avoir été avocat général au Parlement de Provence, devint archevêque d'Embrun, et nièce d'André du Laurens, premier médecin du roi Henri IV, et de Gaspar du Laurens, archevêque d'Arles. Je n'ai pas besoin de rappeler les pages éloquentes consacrées par M. Charles de Ribbe à la famille du Laurens et qui sont citées partout. Revenons à Hubert de Laincel, pour dire que son fils, Joseph de Laincel, seigneur de Saint-Martin, comme lui, eut de Magdeleine de Lombard plusieurs enfants qui, à l'époque où écrivait l'abbé Robert, habitaient Manosque et formaient le XIXᵉ degré des Laincel. L'auteur de l'*Histoire héroïque de la noblesse de Provence* est d'accord avec l'abbé Robert pour reconnaître que la famille de notre muet est « une des plus anciennes du royaume » et que, dès l'année 1061, elle était en possession de la terre de Laincel (dans la viguerie de Forcalquier et le diocèse de Sisteron). Les Laincel portaient de gueules, à un fer de lance d'argent posé en bande, la pointe en haut, armoiries que, comme le constate avec indignation l'abbé Robert, Nostradamus a mal représentées dans son *Histoire de Provence* (p. 129), « mettant la pointe en bas ». Plût au ciel que César de Nostredame n'eût jamais commis d'erreur de plus de gravité !

(3) C'est au fº 60 du registre XIII que se trouve la notice, peut-être autographe, en tout cas de très nette écriture, envoyée à Peiresc par Hubert de Laincel, seigneur de Saint-Martin, fils aîné du *muet de Romoules* et gendre de Mgr l'archevêque d'Embrun.

APPENDICE

I.

LES LAINCEL.

La famille de Laincel, dont le nom s'écrivait aussi Lincel, était une des plus anciennes de la chevalerie de Provence, possessionée de toute antiquité de la seigneurie de ce nom aujourd'hui du canton de Reillane, arrondissement de Forcalquier, et n'ayant jamais eu d'autre nom patronymique. Elle avait, dès le XIIIe siècle, donné plusieurs évêques à l'église de Gap, et son nom figure dans les listes des chevaliers et commandeurs de Rhodes et de Malte. Précédemment même, Lambert de Laincel était un puissant chevalier, tenant hautement le parti du comte de Provence contre la princesse de Baux et ses enfants, qui lui disputaient la couronne. Les généalogistes et les historiens anciens de la province mentionnent la filiation de cette famille, ses grandes alliances, et signalent un autre Lambert de Laincel, beau-frère de saint Elzéar de Sabran.

Trois cents ans plus tard la famille de Laincel était divisée en deux branches, qui furent maintenues dans leur noblesse par les commissaires royaux, sous Louis XIV. L'une d'elles est encore représentée de nos jours. Elle avait pour chef à

Arles, à la fin du siècle dernier, Charles-François-Victor, qualifié marquis de Laincel, qui avait épousé le 15 mai 1786 Anne-Thérèse d'Arquier, fille de Louis, seigneur de Barbégal et de Marie-Cécile de Piquet de Méjanes, sœur du marquis de Méjanes, le bienfaiteur des lettres et de la Provence par la cession qu'il fit à son pays de sa belle bibliothèque. De cette alliance étaient venus trois fils et deux filles, mariées, l'une, au baron Raphaël de Roubin, à Villeneuve-lès-Avignon, l'autre à M. de Dianous de la Perrotine, général du génie, baron de l'empire. Des trois fils, l'aîné, Gabriel-Joseph-Charles-Henri-Maurice, épousa, en septembre 1812, à Carpentras, Charlotte-Amélie de Vento, fille du marquis de Vento des Pennes, dont le nom était si connu et distingué en Provence, et d'Olympe de la Baume-Suze. De ce mariage naquirent Mesdames Feuillade et de Vanel de Lisleroy et le marquis Louis de Laincel, le spirituel écrivain, auteur de plusieurs publications sur la Provence et le Comtat, ancien bibliothécaire du palais de Compiègne, mort en 1882. Du mariage de ce dernier, contracté à Aix, en 1847, avec Mlle Loïsa Leblanc de Castillon, petite-fille du dernier et célèbre procureur général du parlement de Provence, le marquis de Laincel avait eu trois enfants, un fils, Guy, qu'il avait eu le malheur de perdre à 24 ans, quelques mois avant sa mort, et deux filles, dont l'aînée, héritière de l'élégante plume de son père, a acquis à Paris, dans des genres divers et sous plusieurs pseudonymes, une certaine célébrité.

Des deux autres fils d'Anne-Thérèse d'Aquier et du marquis Victor de Laincel, l'un mourut à Sérignan, sans alliance ; l'autre, marié à Mlle Castel, à Aix-en-Provence, a laissé un fils, Elzéar, qui représente seul aujourd'hui dans les mâles l'ancienne famille de Laincel.

Quant à la seigneurie de Laincel, elle sortit morceau par morceau de la maison de ce nom dès la fin du XVIe siècle, et nous voyons successivement plusieurs familles en prendre le titre de coseigneurs, notamment les Saffalin. Au milieu du XVIIe, elle appartenait en entier à la maison de Croze. En 1667, Marc-Antoine de Croze, conseiller à la cour des Comptes de Provence, en rend hommage au roi. Démoli à la Révolution, l'ancien château de Laincel a été en partie reconstruit par le général de Gardane, marié à Anne-Henriette de Croze de Laincel, héritière de sa famille. Il est, aujourd'hui, la propriété du petit-fils de ce dernier, le vicomte Alfred de Gardane, capitaine au 58e régiment d'infanterie, qui possède dans le pays des intérêts considérables formant jadis l'ancien domaine utile de la seigneurie de Laincel.

(Note de M. Paul de Faucher.)

II.
PARENTÉ DU MUET AVEC PEIRESC.

Jean Levesque,
Delphine Gastinel.

Jean Levesque, seigneur de Rougiers, 1512, Marquise de Lacépède.	Sylvestre Levesque, 1494, Fouquet Fabri.
Catherine Levesque, Jacques Castellan.	Nicolas Fabri, seigneur de Callas, Catherine Chiavari.
Jeanne Castellan, 1576, Antoine de Laincel (Muet).	Rainaud Fabri, seigneur de Callas, 1597, Marguerite de Bompar.
Hubert de Laincel (1), 1599, Louise du Laurens.	Nicolas-Claude Fabri, seigneur de Peiresc.

(1) *Hubertus de Lincel dnus a Sancto Martino et domicella Ludovica de Laurens fuerunt coniuncti in matrimonium per dnum Joannem Paschalem die 29 mensis junii (1599) præsentibus parentibus et testibus dno præside Chaine et dno præside Pinillenc in quorum fide... me subsignavi. Felix curatus.* (Aix, Sainte-Madeleine.)

(Note de M. le marquis de Boisgelin.)

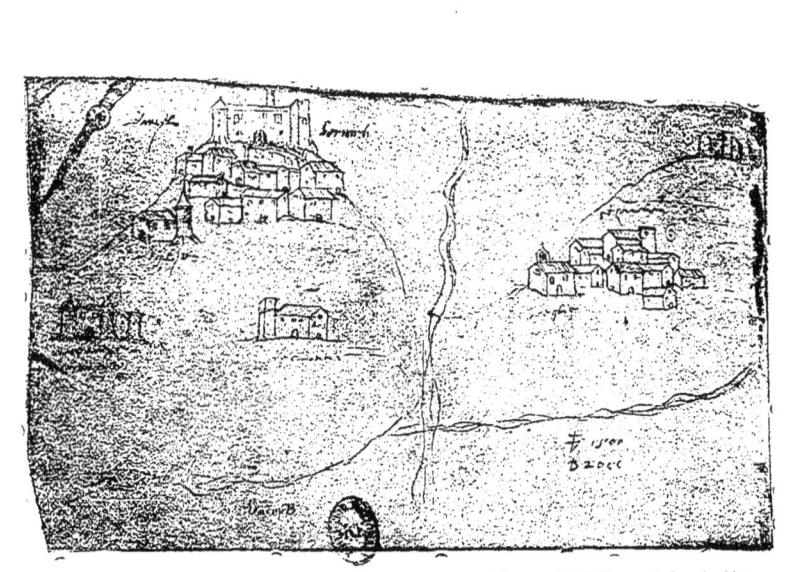

1. Laincel, (château des) Bernardi. — 2. Chasteau de Monsieur de Vachières. — 3. L'église. — 4. Le colombier. 5. Le Largue. — 6. Saint-Martin. — 7. L'église. — 8. La bastide.

III.

LINCEL ET SAINT-MARTIN

D'APRÈS LE DESSIN DU MUET.

Le croquis qu'Antoine de Laincel eut l'inspiration heureuse d'esquisser, au frontispice de son curieux cahier, offre tout l'intérêt d'un document d'archives. Autant la plume du dessinateur a rendu avec maladresse, ou tout au moins avec négligence, les accidents naturels du paysage, autant elle a mis de souci minutieux à traduire l'aspect des deux villages jumeaux, dont l'un était son berceau et l'autre son fief; si bien que nous avons là une vision nette de ce qu'étaient, il y a trois siècles, dans nos Alpes, ces agglomérations d'importance moyenne, qui tenaient le milieu entre les localités ceintes de remparts et les hameaux sans défense.

Voici d'abord, sur le haut mamelon de gauche, le vieux Laincel, auquel les ancêtres du muet avaient, dès le XIe siècle, emprunté leur nom patronymique. Il est sommé d'un château massif et hardi, d'où la vue plonge sur un horizon de vingt-cinq lieues. Ce nid d'aigle eut son jour historique : en 1177, les Laincel ayant embrassé la cause de Guilhem de Forcalquier, qui, en sa qualité de comte par la grâce de Dieu, refusait de reconnaître la souveraineté du roi-comte Alphonse d'Aragon, celui-ci emporta Laincel d'assaut. Une autre maison forte se dresse en sentinelle, au bas et en avant du village, comme pour surveiller les replis de la vallée. Elle fut prise et reprise, en même temps que le château supérieur, durant les troubles civils du XVIe siècle.

Les noms de « Bernardi » et de « Vachières », écrits sur notre dessin, en regard de ces deux constructions féodales, nécessitent une explication.

Durant cinq cents ans, les Laincel possédèrent haute et basse justice sur ce roc alpestre, mais ce ne fut pas sans partage. Dès 1266, les Cornuti apparaissent à côté d'eux, et c'est là l'origine évidente du double manoir. Vers le commencement du XVIe siècle, le fief se démembra derechef, ou plutôt s'émietta, au profit de diverses familles, plus ou moins alliées ou peut-être créancières des possesseurs primitifs. Ces survenants devaient à la longue éliminer les Laincel, dont le dernier hommage, prêté par le père du muet, est de 1560. Parmi ces familles nouvelles, il en est deux principales, les Saffalin Vachères, de Manosque, et les Bernard ou Bernardi, d'Aix; c'est à elles qu'avaient passé les deux châteaux, au temps d'Antoine de Laincel.

Un mot va suffire sur chacune d'elles.

Louis et Antoine Saffalin, fils d'Honoré, anobli en 1488, et dont ils partagèrent l'héritage en 1515, furent les tiges de deux branches parallèles qui possédèrent l'une les coseigneuries de Laincel et d'Aubenas, l'autre celles de Vachères et Laincel. Cette dernière, à la date qui nous occupe, était représentée par Honoré II de Saffalin, fils d'Antoine et avocat du roi, depuis 1558, à la sénéchaussée de Forcalquier. C'est lui, ou plutôt son frère puîné Artus, que désigne notre dessin comme possesseur du bas château, sous le nom de « M. de Vachières ». Balthazar de Saffalin, leur successeur, hommagea en 1598. Honoré III figure encore, en 1620, parmi les coseigneurs.

Les Bernard, eux, remontent à noble Bertrand Bernardi, qui fit hommage pour Laincel en 1539, comme fils de Jeanne Jacobine. Après lui, viennent Louis et Gaspar Bernard, frères. Le premier, docteur ès droits et avocat au parlement d'Aix, vendit à Jacques Isoard ses droits sur Laincel, provenant d'Elzéar Cornuti, y compris, dit l'acte de vente, la plate-forme du château, les masures qui y restent, une « croisière » qui y est encore et un banc de pierre dans l'église paroissiale. Voilà, certes, une description qui ne rappelle guère l'aspect, très vivant, du château Bernardi, tel que le dessinateur nous le représente. Et, pourtant, les dates sont très voisines l'une de l'autre : l'acquéreur Isoard hommage en 1582, et le cahier du muet est de deux ans postérieur. Comment mettre d'accord le notaire et l'artiste ? Deux moyens de les concilier sont possibles : ou bien la maison des Bernard, saccagée pendant les guerres de religion, gisait encore par terre en 1584, et, dans ce cas, Antoine le muet a voulu, aidé de ses souvenirs, reconstituer pieusement l'antique aspect de Lincel ; ou bien Jacques Isoard en a, dès son acquisition, relevé les ruines, et nous avons sous les yeux cette reconstruction de la veille. Le nom de Bernardi, maintenu, malgré le changement de mains, à côté de l'édifice, semble corroborer la première des deux hypothèses. Quoi qu'il en puisse être, Isoard eut pour successeurs Antoine et Honoré Michel, écuyers, de Tarascon, et ceux-ci, en 1625, Antoine de Crose, tige des derniers seigneurs de Laincel.

Quant à Gaspar Bernard, frère de Louis, il eut pour sa part un vingt-quatrième de la juridiction de Laincel, à quoi s'ajoutèrent les biens dotaux de sa femme, qui était une Saffalin. Tout cela passa à leurs enfants, Jean-Baptiste, Marc-Antoine et Marguerite, celle-ci mariée à César de Vachères. En 1614 et 1634, Jean-Baptiste et sa sœur vendirent chacun un quarante-huitième de juridiction à Michel de Sébastiane, sans préjudice de diverses possessions passées, en 1620 et 1628, aux Saffalin et aux Crose.

Telles furent les vicissitudes des deux châteaux. Malgré tant de changements, malgré la Révolution elle-même, qui renversa presque en entier le manoir d'en haut, la silhouette de Laincel demeure aujourd'hui, à peu de chose près, ce qu'elle était dans le paysage d'il y a trois siècles. Quiconque est tant soit peu familier avec ce site caractérisé en identifie au premier coup d'œil toutes les fabriques. Le château supérieur conserve encore, planant sur le village, la partie basse de sa façade, avec sa porte cintrée. Ses deux tours, quoique décapitées, ont gardé leur robustesse et leur grand air. Elles soutiennent et encadrent une terrasse aérienne, qui remplace, comme la « plate-forme » de 1582, les étages démolis. Sur cette terrasse, s'élève en retrait l'habitation moderne, bâtie sur les voûtes des anciennes dépendances, et derrière laquelle une vieille porte d'enceinte est surmontée, depuis des siècles, de la « lance » parlante des Laincel. Le bas château, devenu une simple ferme, n'est pas, lui non plus, sans offrir quelques restes de sa tournure féodale, bien qu'il ait perdu ses quatre tours d'angle. Mieux encore reconnaît-on, avec son profil isolé et sa correcte orientation, l'antique église de Sainte-Madeleine, qui formait, avec la chapelle rurale de Saint-Siméon, le troisième prieuré-prébende du chapitre de Forcalquier, lot habituel du doyen des chanoines, sacristain de Saint-Mary. Là, furent baptisés plusieurs prélats de la maison de Laincel ; là, au dire de la tradition, sainte Delphine et saint Elzéar prièrent plus d'une fois ; là, est le cénotaphe du général comte de Gardane, ambassadeur de Napoléon et Khan de la cour de Perse.

Ces détails nous ont fait perdre de vue le village de Saint-Martin-de-Renacas, perché à mi-côte sur la hauteur qui fait vis-à-vis à Laincel. La rivière du Largue sépare les deux collines ; mais un chemin direct, une vraie montagne russe, les relie l'un à l'autre. De même, l'histoire des deux fiefs est étroitement unie. De 1351 à 1695, on trouve de nombreux hommages prêtés par les Laincel pour Saint-Martin. L'un d'entre eux, celui de 1597, émane de notre héros en personne. Toutefois, ici comme à Laincel, ils eurent des coseigneurs. Il semble même que les droits du muet aient été un moment contestés, car un arrêt rendu, de son temps, par le parlement d'Aix, attribue Saint-Martin moitié aux Marescal, moitié aux frères Bernard, que déjà nous avons rencontrés à

Laincel. Louis Bernard céda, en 1574, ses droits et ceux de son frère sur cette seigneurie à son beau-père, Jean de Crose, aïeul d'Antoine, dont la descendance, nous l'avons dit, devait se cantonner à Laincel. En 1708, surgit une famille nouvelle, les Vachier, plus tard Vacher, originaires de Pierrerue, qui possédèrent le château de Saint-Martin jusqu'à la fin du siècle dernier.

D'allure plus bourgeoise que celui de Laincel, ce manoir fut épargné par le marteau révolutionnaire. Et, pourtant, l'aspect général de Saint Martin est moins reconnaissable, sur notre planche, que celui de Laincel. Je soupçonne le dessinateur d'avoir, dans son amour-propre de haut justicier, un tantinet exagéré les proportions du village. Il ne subsiste pas grand'chose, à l'heure qu'il est, des habitations qu'il a groupées autour de l'église et du château, si ce n'est le presbytère et une ou deux maisons. La « bastide » du muet elle-même n'est plus qu'un tas de pierres, que les paysans de l'endroit désignent sous le nom du « Castelas ».

Au commencement de notre siècle, le château de Saint-Martin retourna aux mains des Crose-Lincel, qui eurent un instant la velléité de faire ériger en majorat les deux terres réunies; mais ce projet fut abandonné. L'avenir réserve peut-être mieux que cela à Saint-Martin-de-Renacas, devenu, de par un récent décret, Saint-Martin-les-Eaux; car, outre les remarquables sources minérales qui lui ont valu sa dénomination nouvelle, cette localité possède des mines de soufre, de charbon et de bitume, et il se pourrait que, les circonstances aidant, elle devînt une importante station balnéaire, doublée d'un centre industriel. Déjà, au cœur même du tableau que le muet nous a légué, la gare de Lincel-Saint-Martin, établie récemment sur les bords du Largue, est comme une pierre d'attente d'heureux augure pour cette pittoresque vallée.

Ne quittons pas les deux villages, sans signaler, comme un document précieux pour leur histoire, le livre de raison des Crose. On y suit avec intérêt et presque avec émotion les efforts persévérants de cette famille, pour réunir entre ses mains les lambeaux épars du vieux fief des Laincel. Non moins curieux, mais à un tout autre égard, que le cahier du muet, ce livre nous montre éloquemment ce qu'étaient les lignées provençales d'autrefois, tout entières au soin de se créer un domaine patrimonial et de le trans mettre d'une génération à l'autre, avec tout un solide héritage de traditions. Les Crose arrivèrent ainsi à posséder *in toto* la seigneurie de Laincel et, avec elle, celle de Saint-Paul, territoire *sui generis,* qui, par une singularité sans exemple, était *mégier* ou mixte entre les communes limitrophes de Lincel et de Saint-Michel (1). C'est un spectacle instructif, en notre siècle d'instabilité, que celui de ces trois familles successivement alliées, les Bernard, les Crose et les Gardane, qui, de 1539 à aujourd'hui, c'est-à dire durant un espace de 356 ans, se sont succédé sans interruption dans la vallée du Largue, donnant un louable exemple de fidélité au foyer. Un tel fait méritait d'être

---

(1) Les archives de Saint-Michel possèdent, sous la date de 1266, un acte de délimitation du terroir mégier, passé entre les Cornuti et les Laincel, d'une part, et les syndics de Saint-Michel, de l'autre, par lequel il est reconnu que les coseigneurs de Laincel perçoivent la tasque dans ce territoire et que les habitants de Saint-Michel peuvent y pâturer leur bétail. Les Crose érigèrent en arrière-fief, au terroir mégier, la terre de Champclos, au profit des Sébastiane, en échange des droits que ceux-ci possédaient sur Laincel, comme héritiers des Cornuti et acquéreurs d'une partie de la part des Bernard; c'est par ce échange que les Crose demeurèrent seuls seigneurs de Laincel. Le terroir méger possédait un prieuré de Saint-Paul, relevant de Montmajour, et une chapelle de Saint-Babylas, indivise entre les deux paroisses de Lincel et de Saint-Michel.

Bien que ce terroir fut considéré comme une dépendance de Lincel, et non comme un fief séparé, les Crose prêtèrent un hommage distinct pour Saint-Paul, en 1719 et peut-être à d'autres dates.

signalé, comme un phénomène social jadis fort commun, mais destiné à devenir de plus en plus rare, si le législateur ne se hâte de sauver la famille, en réformant de fond en comble les lois modernes qui enlèvent toute consistance à la propriété.

(Note de M. L. de Berluc-Perussis.)

www.ingramcontent.com/pod-product-compliance
Lightning Source LLC
Chambersburg PA
CBHW060633050426
42451CB00012B/2569